RÉFLEXIONS

SUR

LA CHAMBRE DES DÉPUTÉS.

RÉFLEXIONS
SUR LA QUESTION
DU
RENOUVELLEMENT INTÉGRAL
DE
LA CHAMBRE DES DÉPUTÉS ;

Par le Cte Ferrand, Pair de France, Ministre d'État.

PARIS,
DE L'IMPRIMERIE DE C. J. TROUVÉ,
RUE DES FILLES-SAINT-THOMAS, N° 12.

1823.

RÉFLEXIONS

SUR LA QUESTION

DU

RENOUVELLEMENT INTÉGRAL

DE

LA CHAMBRE DES DÉPUTÉS.

Tous les journaux se sont livrés à l'examen de cette question : j'ai peut-être tort de dire à l'*examen*, car ce mot suppose la discussion froide et raisonnée d'une proposition quelconque, discussion dans laquelle tous les raisonnemens sont posés avec impartialité, sans passion pour ou contre les choses et les personnes, avec le desir calme et constant d'explorer et de connoître la vérité, pour arriver à une conclusion devenue la conséquence nécessaire de ces antécédens, et pour en faire, si c'est une question politique, la juste application au plus grand bien de l'État.

Le mot d'examen ainsi défini et bien entendu ne peut convenir à tout ce que nous avons lu, depuis quelque temps, dans les feuilles périodiques. A l'exception d'un ou deux articles, écrits avec sagesse et dans le seul but d'éclaircir la question, ce ne sont que des cadres, dans lesquels le journaliste a placé ses censures et ses éloges sur le ministère, espérant que les unes et les autres seroient mieux accueillis, à raison du grand intérêt dont elles paroîtroient inséparables.

Certes, dans la question, l'intérêt est grand, le plus grand peut-être qui puisse agiter une nation, agitée elle-même par vingt-cinq ans d'une révolution sans exemple, et s'agitant encore pour, mais pour trouver le moyen de consolider son heureuse et sage restauration.

La question est de savoir si la Chambre des Députés conservera son renouvellement annuel par cinquième, ou si une loi établira le renouvellement intégral pour cinq ou sept ans. Cette dernière alternative de deux ans de plus ou de moins est étrangère au fond de la question. Je ne m'en occuperai donc point ici, persuadé que, si le renouvellement intégral est admis, il vaut autant; il vaut même mieux l'admettre tout de suite pour sept ans, et ce sera toujours sous cette dernière fixation, que j'examinerai s'il doit être adopté ou rejeté.

Quand il s'agit de savoir si on changera un usage, et, à plus forte raison, une loi qui existe, il faut, pour procéder avec mesure, examiner son origine, son but, ses avantages et ses inconvéniens, comparer ceux-ci à ceux-là; et, si la comparaison est favorable aux avantages, et les met au-dessus des inconvéniens, c'est le cas de conclure que le changement ne doit pas avoir lieu; si, au contraire, les inconvéniens surpassent les avantages, il faut refaire les mêmes examens pour le changement proposé, et ne l'adopter que lorsque cette seconde comparaison établira son utilité réelle.

C'est la marche que je vais suivre.

La Chambre des Députés, créée par le Gouvernement consulaire, adoptée par le Gouvernement impérial, étoit bien loin, sous l'un et l'autre, d'avoir l'importance et l'autorité que la sagesse du Roi lui a données; et cependant, dès son origine, elle se renouveloit par cinquième. Son but étoit de voter au scrutin et sans discussion des lois qui, depuis la suppression du tribunat, lui étoient directement présentées par le Gouvernement. Et, de plus, comment se faisoient les élections? Avec des degrés bien fixés, et qui livroient les choix définitifs à la classe des propriétaires les plus aisés. Après de telles épreuves, ces choix définitifs de la part des électeurs ne l'étoient pas encore pour le Gouvernement. Il les faisoit examiner de nouveau par le sénat, c'est-à-dire par lui-même; et les députés dont les noms partoient de ce dernier creuset étoient, au moins, autant ceux du Gouvernement que ceux de la nation. Il faut rendre justice à toutes ces combinaisons : elles étoient bonnes, elles convenoient parfaitement à une autorité nouvelle, n'ayant en sa faveur d'autre antécédent que des révolutions, qu'il falloit éteindre ou comprimer. La tête ardente qui gouvernoit la France, dont la démence et l'ambition cherchoient sans cesse au dehors des triomphes, qui la conduisoient à sa perte, savoit très-bien comment elle devoit user de son autorité pour maintenir dans l'intérieur le calme et l'obéissance. En ne renouvelant tous les ans qu'un cinquième de la Chambre, elle étoit sûre que cela ne produiroit aucun trouble dans l'État; que le nouveau cinquième prendroit, par une pente naturelle, les habitudes et les opinions des quatre autres; qu'ainsi, le changement successif des individus n'en amèneroit aucun dans les dispositions de la Chambre, et qu'elle seroit toujours l'instrument législatif du pouvoir impérial. Dans le sens du Gouvernement, rien n'étoit plus sage, plus sûr et plus juste que ce calcul. S'il put un moment éprouver quelque aberration, à la fin de décembre 1813, c'est qu'alors le pouvoir, que les terribles revers de 1812 n'avoient pas corrigé, s'obstinoit encore à en chercher d'autres. Une voix courageuse s'éleva au milieu de cette silencieuse assemblée; elle retentit et fut approuvée par toute la France. Mais l'assemblée elle-même vit sa fin arriver avec celle du pouvoir qui la comprimoit.

Un autre ordre de choses se développoit: une Charte, aussi sage que bienfaisante, alloit fixer chez les Français cette liberté constitutionnelle dont ils n'avoient, depuis vingt-cinq ans, poursuivi ou saisi que le fantôme. Dans la commission chargée de sa rédaction, neuf sénateurs et neuf députés étoient appelés, par leur expérience, à présenter les avantages et les inconvéniens du renouvellement par cinquième : les uns et les autres furent discutés;

mais les premiers l'emportèrent presque unanimement. La question du renouvellement intégral fut tranchée avec force par deux sénateurs, devenus ensuite pairs de France, MM. Fontanes et Garnier, dont la perte a si vivement affecté tous les partisans de la monarchie. Outre les avantages dont je viens de parler, ils ne voyoient dans le renouvellement par cinquième que la réunion annuelle de dix-sept ou dix-huit départemens, réunion qu'un Gouvernement sage et fort ne pouvoit jamais craindre, et sur laquelle il étoit impossible qu'il n'exerçât pas une juste influence.

La Charte adopta et consacra une politique aussi raisonnable. Je n'examinerai point ici dans quelles intentions une ordonnance du mois de juillet 1815 indiqua cet article comme un de ceux dont le changement étoit desirable, comment et pourquoi cette indication fut aussitôt violemment saisie par la majorité de la Chambre. Le changement n'eut pas lieu. Sur ce point, les choses restèrent comme elles étoient : c'est l'état dans lequel on les trouve encore aujourd'hui; et l'on se demande s'il faut le changer ou le conserver.

Je viens d'en exposer l'origine et le but; j'en

ai montré les avantages dans cette substitution annuelle de principes et d'opinions monarchiques, que les quatre cinquièmes existans doivent faire adopter par le nouveau. Cette marche progressive est dans la nature de toutes les corporations permanentes. C'ést par-là qu'elles se sont toujours soutenues sous le nom de communautés religieuses ou de corps délibérans. C'étoit là ce qui donnoit à ceux-ci cet esprit de corps, dont l'abus pouvoit quelquefois gêner l'autorité royale, mais dont le principe étoit toujours pour elle un de ses plus fermes soutiens.

Ces avantages sont grands ; ils sont incontestables ; ils augmenteront encore avec le temps. Quels inconvéniens leur oppose-t-on ? la réunion annuelle de quelques départemens, et à laquelle on veut donner le nom de *fièvre électorale*. Cette fièvre peut quelquefois paroître ardente, dans un corps politique qui n'a pas encore pris toute la force et toutes les habitudes de son nouveau régime : mais elle diminuera à mesure que la salubrité de ce régime, sera d'année en année, constatée par l'expérience. Sans doute il y aura toujours des intrigues, des vues ultérieures, dont les unes ne tiendront qu'aux individus, et dont les autres porteront sur les choses. Cela vient de la nature même de cette institution : elle est comme toutes les institutions humaines condamnée à contenir bien des imperfections. C'est au ministère à les bien connoître, à les affoiblir successivement plutôt par une élaboration peu sensible, mais continuelle, que par des moyens de force qui ne doivent être employés que dans des momens de crise urgente, et qui manqueroient leur effet, si l'on s'habituoit à éprouver continuellement leur action.

Le renouvellement des séries est tel, qu'il s'exécute à la fois dans les parties du royaume les plus éloignées les unes des autres. Cet ordre numérique est fixé par des ordonnances. On n'a donc pas à craindre que dans, toute une partie de la France, un certain nombre de départemens contigus, se trouvent éprouver en même temps les accès de cette fièvre, qui pourroit devenir plus ardente encore par les rapprochemens et le contact. C'est au Gouvernement à calculer la composition des séries, de manière que ce contact ne puisse avoir aucune suite inquiétante.

On peut dire qu'il y aura pour lui un surcroît de travail dans les précautions qu'il doit prendre à l'approche des élections annuelles Cette augmentation ne peut pas être présentée comme un motif de les annuler. Sa surveillance ne doit jamais se ralentir. Si elle est antérieurement bien établie, si elle s'exerce par des agens dont on soit sûr ; si, dans les préfectures et les sous-préfectures, il n'y a que des administrateurs bien choisis, qui reçoivent de lui une première et bonne impulsion, et qui la transmettent ainsi à leurs administrés, l'époque des élections donnera peu de surcroît à son travail ordinaire, et le succès ne sera ni douteux, ni même très-difficile, s'il fait surtout un heureux choix des présidens, tant pour les arrondissemens que pour les chefs-lieux.

En comparant ainsi, pour le renouvellement annuel, les avantages aux inconvéniens, il est évident que tout est en faveur des premiers, et que les inconvéniens ne sont pas de nature à exiger un changement. Mais si ce changement est utile, s'il présente aussi plus d'avantages que d'inconvéniens, n'est-ce pas le cas de l'adopter? C'est ce qu'il faut aussi examiner.

La première objection qui se présente est

l'opposition de la Charte, qui n'a pas même eu l'air de prévoir un renouvellement intégral.

Je ne suis point frappé de cette objection. Personne plus que moi n'est convaincu de la sagesse de la Charte, de la prudence prévoyante qui en a dicté les principales dispositions, de la nécessité de conserver cette institution, qui a été et qui est encore notre ancre de salut. Mais, en même temps, je suis loin de croire que le temps et l'expérience ne puissent nous faire voir de quelles additions ou modifications elle pourroit être susceptible; et, dans ce cas, je crois fermement que, sur ce point, les trois pouvoirs législatifs peuvent s'entendre, pourvu que ce soit dans un moment de calme, et, sinon avec la certitude, du moins avec toutes les vraisemblances d'une amélioration utile et nécessaire. Ces conditions sont absolument exigibles; elles sont la condamnation des nombreux changemens provoqués par l'incroyable ordonnance du mois de juillet 1815. Assurément la France n'étoit pas alors dans un moment calme; les changemens indiqués n'étoient nullement nécessaires, et leur utilité étoit au moins problématique.

Celui que l'on propose aujourd'hui trouvera-t-il la France dans un état assez calme pour cette altération de son régime constitutif? Certes, les six mois de la campagne d'Espagne, le grand intérêt social de cette guerre, le noble désintéressement de la France, les brillans et continuels succès de sa valeureuse armée, la sage conduite du Prince qui vient de terminer une entreprise sans exemple dans l'histoire, enfin la sagesse du Monarque dirigeant de son cabinet des événemens qui, auparavant, auroient paru fabuleux; voilà bien certainement une époque qui fera l'admiration des siècles à venir, et que la génération actuelle a de la peine à croire en la voyant. Mais la faction révolutionnaire, qui avoit placé dans Cadix et dans Madrid ses plus grandes espérances, ne les a point entièrement perdues en perdant ces deux places: elle les a ajournées; elle travaillera en secret à continuer ce qu'elle ne peut plus faire ostensiblement. Elle a toujours, et elle aura long-temps les mêmes moyens de séduction, de recrutement, de propagation. L'emploi de ces moyens pourra être plus occulte, et n'en sera pas moins dangereux. Elle aura soin de se présenter toujours comme étant en butte à la persécution; et, avec le grand nom d'humanité, elle pourra même avoir et célébrer ses martyrs. Le calme apparent de la société ne sera donc point une tranquillité stable et réelle; les mêmes germes de discorde et de trouble y seront toujours, et pourront se développer tant qu'ils ne seront pas détruits.

Le seront-ils, lorsqu'au bout de sept ans, les quatre-vingt-six départemens se réuniront pour une élection intégrale? Cette époque ayant été, pendant sept ans, le point de mire des factieux, auront-ils négligé de préparer d'avance tous les moyens qu'ils se promettront d'employer alors? S'ils ont eu l'adresse de s'en procurer au dehors, n'auront-ils pas celle d'en combiner les mouvemens avec les mouvemens de l'intérieur? De nouvelles combinaisons dans les intérêts commerciaux; des changemens survenus ou simplement prévus dans la marche diplomatique, changemens dont l'expérience offre tant d'exemples, et qui peuvent encore être provoqués par l'indépendance présumable de l'immense continent de l'Amérique méridionale; de grands et anciens souvenirs attachés à un nom qui a remué le monde et qu'on tenteroit de faire revivre; la

Grèce sortie de sa nullité, pouvant hâter la décadence d'un vieux empire, et faisant de grands efforts pour se remettre en ligne avec la civilisation européenne; enfin, ce besoin d'une agitation universelle dans une industrie toujours active, qui franchit toutes les limites naturelles, dont les communications se repercutent avec l'électrique rapidité de l'éclair; peut-on douter que l'esprit révolutionnaire ne suive attentivement tous ces germes de troubles, et n'espère condamner le XIXe siècle à reprendre en sous-œuvre ce que le XVIIIe n'a pu achever? On dira peut-être que c'est vouloir trop préjuger d'avance de violentes tempêtes dans des nuages qui sont encore loin de nous. Il n'y a point d'avenir, quelque éloigné qu'il soit, que l'homme d'État ne doive soumettre à ses calculs; il ne mérite même ce nom, qu'en les étendant jusque-là, et ce n'est qu'ainsi qu'il peut devenir le bienfaiteur de la postérité.

Je ne ferai point au ministère actuel l'injure de croire qu'il ne s'occupe pas de cet avenir, et que, dans le renouvellement intégral, il ne voit que le moyen d'assurer sa tranquillité durant sept ans. Je ne combats point une inculpation qui seroit trop au-dessous de lui, et déjà réfutée par toute sa conduite antérieure.

Il en est une autre que les libéraux répètent avec complaisance, et à laquelle, il faut l'avouer, les journaux exagérés sembleroient donner quelques fondemens. Les libéraux n'ont cessé de répéter que la guerre d'Espagne avoit été faite non-seulement pour rétablir dans la péninsule l'inquisition et le pouvoir absolu, mais encore pour ramener ce pouvoir en France, et pour y rétablir l'ancien régime, en abolissant la Charte constitutionnelle.

J'ignore si la faction exagérée a réellement conçu un tel projet. Je ne suis point étonné qu'on ait pu trouver quelques prétextes à cette occupation dans des journaux dont l'exagération ne respecte rien, et qui, sous le nom ou plutôt sous le masque du royalisme, attaquent le pouvoir royal dans la seule base solide qu'il ait aujourd'hui. Si telle est, en effet, leur intention, je ne crains point d'appeler sur ces factieux l'anathême de tous les bons Français. Rien n'est plus coupable qu'un tel plan, à quelque époque qu'on se promette de l'exécuter. Mais j'ajouterai que rien n'est plus absurde. Le retour de l'ancien régime est, dans l'état actuel, aussi moralement que politiquement impossible. Il a fallu vingt-cinq ans de révolution, et quelle révolution! pour arriver à la Charte. Il a fallu, pour nous la donner, un prince éclairé, qui appréciât ce que demandoient les circonstances, qui eût la ferme et sage volonté de nous l'octroyer, pour qu'elle ne fût due qu'à son autorité, et de la faire descendre de nos plus anciennes institutions, en la rattachant aux différentes modifications qu'elles ont dû nécessairement éprouver à travers quatorze siècles. Rousseau, dans son Discours sur la Polysynodie, demandoit qui pourroit ébranler, sans frémir, les masses énormes, soutiens de la monarchie française. Ces masses n'existent plus. Une assemblée délirante les a renversées, en quelques jours, pour les remplacer par une constitution qui n'a duré que quelques mois. On sait trop quelle en a été la suite. Aujourd'hui, à la place de toutes ces masses, nous n'avons que la Charte, mais qui fait masse à elle seule, parce qu'elle seule soutient la monarchie. Elle est pour nous l'arche d'alliance, et quiconque voudroit nous l'ôter, nous replongeroit dans un chaos, ou plutôt dans un volcan dont l'explosion seroit incalculable.

La crainte d'une pareille accusation ne doit

donc pas être mise dans la balance. Il ne faut y mettre, d'un côté, que les avantages; de l'autre, que les inconvéniens. Je viens d'indiquer ceux-ci : les premiers se présentent d'eux-mêmes. Il est sûr que sept années sans élections chez un grand peuple, à qui tant de fois, depuis trente ans, le mot seul d'*élections* a été si funeste, peuvent être envisagées comme sept années de calme, qu'un ministère adroit et fort fera suivre aisément par sept autres années; et, qu'arrivé à ce terme, il pourra se flatter d'avoir assuré le repos de l'État. On aura repris les habitudes du travail et de l'industrie; on ne sera plus disposé à changer des occupations paisibles et lucratives contre les chances hasardeuses d'un avenir qui ramèneroit la crainte des plus funestes époques. Le Gouvernement en profiteroit pour donner, chaque année, à la France les institutions et les lois organiques, qui seroient le complément de la Charte. Entouré de ces actes conservatoires, retranché dans une position défensive, où il seroit inexpugnable, il trouveroit annuellement dans les Chambres le moyen d'opérer dans l'administration tous les perfectionnemens dont le temps la rendroit susceptible : et, s'il s'étoit une fois donné une majorité dans le premier renouvellement, il est difficile de croire qu'il ne pût pas se l'assurer dans les autres. Or, si le premier renouvellement intégral se fait dans l'automne de 1824 pour la session septennale, qui commenceroit en 1825, il fait ce premier choix dans un moment où tout lui promet un grand succès. La réunion électorale des quatre-vingt-six départemens auroit pu l'inquiéter, et avec toute raison, si nous avions la loi de 1817. Nous en avons vu les sinistres effets en 1817, 1818, 1819. Mais cette loi n'existe plus : une loi plus monarchique lui a été substituée. Celle-ci, dans le printemps de 1820, nous donna des espérances qui se réalisèrent quelques mois après. Il s'agissoit d'ajouter cent soixante-douze députés au nombre déjà existant : quatre-vingt-six départemens furent convoqués en même temps, et la majorité répondit à l'appel de la patrie. Il est bien vrai que le ministère dont cette majorité étoit l'ouvrage et le bienfait, fut attaqué et renversé par elle. C'est une de ces crises auxquelles le Gouvernement représentatif est sujet, parce qu'elles font partie de son essence. Mais la crise, fâcheuse par elle-même en ce qu'elle portoit atteinte à l'autorité royale, n'a pas eu les suites qu'on pouvoit redouter L'autorité a repris son aplomb ; elle l'a repris surtout par la gloire et la sagesse de son triomphe en Espagne. Elle peut donc avec toute confiance proposer et prendre une grande mesure qui, en prouvant sa force, prouvera en même temps le grand et bel usage qu'elle veut en faire, et pour lequel elle ne peut manquer d'avoir l'appui d'une Chambre, à qui elle aura donné une stabilité intégrale et septénaire.

Les inconvéniens que l'on croiroit entrevoir sont donc peu certains et très-éloignés; ils peuvent être prévenus par une prudence prévoyante, et les avantages se feront sentir dès le premier moment.

Ainsi soumise à la discussion de tous les esprits sages et impartiaux, la question peut être examinée, d'un côté, avec toutes les raisons de douter; de l'autre, avec toutes celles qui peuvent en déterminer la solution.

Je m'arrête ici, sans exprimer mon opinion; il me suffit d'avoir rempli ma tâche. Vivement affecté de voir qu'on ne traitoit qu'avec passion ou partialité une question qui comprenoit les plus grands intérêts de la restauration, j'ai voulu mettre tous ces intérêts en présence devant elle, afin que tous ceux qui s'en occupent, soit parce qu'ils y sont obligés par leurs fonctions, soit parce qu'ils y sont appelés par leur amour du bien public, puissent prendre le parti que cet amour doit leur inspirer, et que le bien public attend d'eux.

FIN.

www.ingramcontent.com/pod-product-compliance
Ingram Content Group UK Ltd.
Pitfield, Milton Keynes, MK11 3LW, UK
UKHW021927230726
13925UKWH00007B/2487

9 782019 255367